G. SOAVI

FERNANDO BOTERO

Œuvres 1959-1989

CELIV

Cette édition est publiée en 1990 par CELIV, Paris
ISBN 2-86535-104-1

Texte et illustrations extraits du volume «Botero» de Giorgio Soavi,
Fabbri Editori, 1988 dans la collection «Grandi Monografie»
dirigée par Ezio Gribaudo

Direction artistique de Luciano Raimondi

Fernando Botero

Il a rendu plaisants les gros lards et désirable la femme-canon. Et ainsi faisant, il a dilaté le monde visible, qui est devenu une poire-canon, une cafetière-canon qui vit dans un milieu normal. Je crois avoir vu le premier tableau vivant de Botero à l'école primaire de Crémone, après que mon père m'avait laissé en larmes devant la porte; et un peu plus tard, lorsque l'instituteur Giannetti a fait l'appel en nous demandant de nous lever, nous avons vu un garçon se démener pour sortir d'un banc qui avait du mal à le contenir. Il était si gros, et si seul, qu'il ne resta avec nous que quelques jours; par la suite, nous ne l'avons plus jamais revu et quelqu'un a dit que son père était venu le chercher parce qu'il était trop gros et qu'il devait suivre des cours particuliers. Il portait, comme nous tous, des culottes courtes d'où d'énormes cuisses confluaient en d'énormes genoux et d'où partaient d'autres morceaux de jambe qui, en bas, devenaient de véritables plantes des pieds avec cinq énormes orteils péniblement contenus dans des sandales dont les trous rappelaient des bouées au milieu d'un lac. Notre Botero de l'école primaire avait besoin de nombreux points d'appui pour son corps, alors que son souffle préoccupé ne savait quelle direction prendre.

Lui, ceux comme lui, et leurs amies inévitables, ont trouvé depuis quelque temps leur place, et même une place de grande importance, dans la poésie des tableaux du Colombien Fernando Botero qui leur a inventé, dans un espace normal du paysage, un paradis terrestre parfaitement en règle: des fruits gigantesques, des chevaux à bascule sur mesure, de grands lits qui – comme dans un club sandwich – disposent de trois, ou même de quatre matelas, où reposent, rêveurs, les parents endormis de celui qui est né.

Même dans les petits déjeuners sur l'herbe de notre Botero, on comprend que si le repas est léger, c'est parce qu'autre chose le dépasse: la grâce de s'étendre comme devant un objectif, toujours en pose, tel qu'on devrait le prétendre en présence de la femme-canon. Et elle est vraiment désirable, de ses cuisses à son dos, immense comme une lagune et blanche comme l'éclat des perles rares. Seuls quelques poils blottis sous ses aisselles, font penser à une scène d'amour, l'après-midi; à des noeuds désormais défaits, aux enlacements où l'homme, plus petit, sera capturé et submergé par une vague, une immersion qui l'assoupira, peut-être à jamais. Elle, sa femme, se glissera dans son lit et après avoir, comme une déesse, levé les bras au ciel, elle s'approchera de cette chose qu'elle aime tant, pour la suffoquer de baisers.

Pendant les jours de grand calme qui précèdent Noël, Maria Grazia fait sa vitrine de chaussures à Cortina d'Ampezzo. Il y a des chaussures normales, et d'autres monumentales qui, quelques années auparavant nous auraient fait rire. Mais à la montagne nous sommes habitués, nous ne rions pas: ce sont les «Moon Boots», les après-ski; et toutes les chaussures de ce genre sont aujourd'hui gonflées et légères. Je dis à Maria Grazia: «... j'aime ce qui est gros, car cela me remplit la vue. Les maigres me font horreur, ils ont peu de choses dedans. J'aime les gros". De sa vitrine, Maria Grazia me regarde ébahie. Elle est grosse depuis sa naissance. Je lui révèle qu'il y a un saint protecteur pour elle, ou plutôt un peintre: son nom est Fernando Botero et il n'est pas originaire de Turin, comme on pourrait le croire (lorsque Giorgio de Chirico brossa, dans une de ses célèbres places, le monument à un héros fantôme et abandonné, il se référait à l'homme en redingote, et précisément au journaliste Giovan Battista Botero) alors que notre Botero, lui, est un Colombien, de Medellín.

Et bien Maria Grazia, cet homme a créé ta patrie. Il a aménagé en vingt ans de travail une planète qui comprend les fruits, les objets d'usage courant comme la cafetière, les hommes et les femmes, les généraux et les soldats, les tables et les moustiques: tous dodus. La seule chose qu'il n'ait pas bien réussi, c'est le paysage. Une fois, en 1978, il en avait brossé un pour moi, grand comme une carte postale: mais c'était un paysage normal, avec des collines et des plaines. Il n'y avait rien de grassouillet. Il doit avoir compris et il n'en a plus faits. Botero a besoin d'un être humain, un moustique lui convient mieux qu'une colline — aussi parce qu'une colline est déjà un Botero — il a besoin d'un peu de raisin. Là, il peut exagérer.

En Amérique on vend de surréelles cartes postales en couleur, vieux style, avec des wagons de chemin de fer où se trouve une seule pomme, ou une orange, ou un épi de maïs. Au pied du wagon, minuscule, c'est à dire normal, un homme nous regarde. Il ne peut pas avoir chargé tout seul ce fruit énorme, mais il garde la pose devant cette exagération. Voilà ce qu'a inventé Botero: l'exagération, le hors mesure, le système kilométrique décimal. Parce qu'il fait tenir dans un tableau aux dimensions normales, disons un 70 x 100 cm, une femme pesant 140 kilos et qui se déshabille devant nous. Vue de face, elle possède de petits détails lilliputiens, comme par exemple de minuscules touffes noires sous les aisselles ou des poils très discrets sur le pubis, et la poitrine aussi est petite. Cela aurait été une grave erreur de tendresse si la femme avait eu de gros seins. Botero a donné à ses femmes les seins petits des femmes de Cranach, mais sur un corps botérien: de grosses cuisses, un cou exorbitant, des bras consistants et des doigts imperceptibles. Leur derrière, lieu d'attraction féminine, n'a rien de sensuel, il est presque plat, tant qu'on répugne mentalement à le toucher, de peur de le sentir plus glacé que chaud. Le visage aussi est petit: la leçon des grands maîtres, assimilée surtout en Italie où a eu lieu tout ce qui pouvait se passer en peinture, est la suivante: que certains arts, si difformes, si non-conformes à la nature architectura-

Fernando Botero dans son atelier à Paris

Photo Samuel Costa

le équilibrée des volumes, sont parfaits. Ils glissent sans effort vers ce soupçon de monstruosité qui nous laisse étonnés, mais ravis. Après avoir avalé la perfection de Léonard, de Raphaël, de Giotto, de Masaccio, de Piero et de tous les autres; après avoir admiré l'exactitude, l'ivresse, l'impossibilité d'être parfaits; après avoir contemplé, d'après nature, le profil sublime des femmes florentines, il ne nous reste qu'à nous réfugier dans les difformes, dans les monstres; dans les chiens, qui sont un exemple hautement ironique des races humaines. Plus un chien est mal en point, plus il nous convainc à le protéger. Il est là, devant nous, et il attend de nous obéir. Botero s'occupe de sa ménagerie, qui lui obéit, le reconnaît et le considère désormais comme Dieu le Père: parce que Botero a rassemblé les monstres obèses, il leur a donné un passeport, un visa pour tous les Pays. Son humanité peut planer, faire une sieste à la campagne, ou dormir béatement dans de petits lits — un grand lit la condamnerait — ou fêter une révolte, ou applaudir les gagnants: parce que, dans sa sagesse lucide, Botero s'est aussi occupé des généraux, et par conséquent des guerres. Des gros lards qui gagnent après avoir exterminé d'autres gros lards. A condition que tout soit immobile dans un tableau. Parce que si jamais, demain, un dessinateur publicitaire décidait d'animer les figures de Botero, ce genre d'enchantement serait rompu, le miroir brisé. Nous éclaterions de rire. Alors que Botero veut que nous regardions, étonnés, son échantillonnage, ses infirmes, son règne immobile.

Maintenant qu'il les a inventés, je suis presque certain que Botero n'aime plus les gros lards. Il s'en sert, et c'est tout. Puisqu'un artiste dispose d'un certain échantillonnage, il le fait gonfler, il en dessine les contours pour lui ordonner de s'offrir en spectacle.

Combien la météore de l'obésité durera-t-elle? Jusqu'au jour où un gros lard ne nous surprendra plus.

Après l'avoir admiré, après avoir subi ce genre de surprise, nous dirons: ah. Nous ne dirons plus: ah, un Botero. Nous dirons: ah. Exactement comme on dit ah, en regardant un très beau coucher de soleil, une couleur s'échouant parmi les feuilles d'un bois, sur l'eau d'un lac.

L'après-midi, vers cinq heures, une heure rituelle pour certains événements, je feuilletais un livre d'art lorsque j'ai entendu parler un tableau. Ce que le peintre nous laissait écouter, c'était un lit dans lequel un petit homme, les yeux fermés, se blottissait comme s'il avait froid. Sa femme-canon était à demi nue et ses bras levés retenaient au-dessus de sa tête une immense chemise de nuit, une sorte de drap qui, sous peu, aurait caché sa nudité. Elle disait: ne fait pas comme cela, ne soupire pas ainsi. Je suis lente, ce n'est pas nouveau.

La voix d'une femme que Botero avait peint. Je ne l'avais jamais entendue. Et maintenant qu'elle s'échappait distinctement de cette page, j'ai fait ma première découverte: que les personnages de Botero ont une voix très particulière. Je les avais toujours entendus muets, au maximum ils fumaient, juste après les repas. Fumer est le silence le plus éloquent qu'il soit. Même ses pastèques sur la table, couteau et fourchette — eux aussi gras et troublants — les petites tables de cuisine où sont posés les célèbres oignons, dont un dépasse, suspendu à une corde, hommage à l'inventeur des plus beaux tableaux de ce genre, l'espagnol Sanchez Cotan: eux-aussi vivent dans le plein régime d'une nature absolument, silencieusement, morte. Ils se tiennent, sans sourire, en silence.

La femme qui allait enfiler sa chemise de nuit, laissa échapper deux imprécations parce qu'un de ses petits peignes, emmêlé dans ses cheveux, lui avait compliqué les choses. Et elle gardait sa chemise au-dessus de sa tête, dans cette position à la fois d'offre et de pudeur. Et sa voix? Ce

n'était qu'un filet de voix, comme un grincement amoureux à mi-chemin entre la plainte et le dépit. Elle continua un peu. Alors, j'ai posé le regard sur le mari, enseveli, mais il était si petit que j'ai dû prendre une loupe. C'est souvent comme cela que je m'y prends pour voir les tableaux dans le détail. Je me suis ainsi aperçu que l'homme simulait le sommeil. Le visage concentré, les yeux fermés, il attendait d'être réveillé, exploré, rendu heureux. Il faisait semblant de dormir, il rêvait une belle histoire: l'histoire d'un pélerin se perdant dans un bois qui, las de marcher, s'appuyait à un arbre plein d'ombre pour se reposer. C'est le type du voyageur-simulateur que je connais bien. Moi aussi je me suis souvent glissé dans le lit, le premier, et j'ai fermé les yeux en attendant les caresses, l'événement. Je me suis souvent vu ainsi, appuyé à une plante providentielle. Et, quand elle arrive, elle fait semblant de croire à mon sommeil, elle me déshabille, elle ouvre ma chemise, elle caresse sans se lasser. J'aime mieux quand elle ne dit pas un mot, quand elle fait tout ce qu'elle veut alors que je fais semblant de dormir. Le maximum serait, ensuite, d'être abandonné, pour que je puisse croire que j'ai rêvé.
Voilà ce que racontait le tableau des deux amoureux.
Je sais gré à ces livres d'art qui, lorsqu'ils reproduisent un tableau, ne donnent aucune indication de l'âge, des dimensions ou des techniques utilisées pour le réaliser, mais qui le laissent au milieu de la page comme une fourmi qui, ayant intercepté une ombre, se bloquerait ou changerait rapidement de direction. En plein milieu de ce mystère de rêve, je me demande, ce tableau est-il grand ou petit? Son auteur l'a-t-il peint sur une tablette? Et cette tablette est-elle petite au point de pouvoir être volée? Par exemple, lorsque j'ai su que la grandiose *Madone dans l'Eglise gothique* de van Eyck était grande comme ça – c'est à dire quelques centimètres – j'ai ressenti le soulagement de celui qui, jeté à l'eau, pour rire, par ses amis, découvre qu'il sait nager, et au lieu de regagner la berge, change de monde et s'éloigne.
D'un tableau de Botero de 1975, *Nonne nouveau-née* (pl. 44), qui ne me dévoilait pas ses dimensions, j'ai pensé la même chose. Un panier contient, suivant sa manière anormale de concevoir les espaces et les proportions, un gros bébé qui est une nonne endormie. Je crains que ce tableau ne soit grand, étendu, comme tous les tableaux de notre ami colombien, mais pour les raisons sur je viens dire, je rêve qu'il tienne dans un espace modeste: pour en occuper un plus grand chez le spectateur ébahi par l'ampleur de cette nonne qui envahit son panier et remplit la toile.
Une fois que j'aimais une femme et j'écrivais d'elle pour l'exalter, dans un roman, je m'aperçus que ses proportions se répandaient au point que, pour être plus à l'aise, elle dut sortir du lit, s'allonger par terre d'où elle commença à se répandre dans tout l'appartement. Sans m'en rendre compte, je venais d'inventer un tableau de Botero, dont les extrémités partaient d'un coin – l'entrée – pour confluer, comme un fleuve, au-delà du living, vers la terrasse. Elle était grande à en être angoissé. Le souvenir que j'ai d'elle est comme d'une carte géographique ou d'une mappemonde, qui nous feraient errer dans l'Océan Atlantique. L'eau des océans peut tenir dans un regard, pour s'arrêter ensuite sur la forme adoucie des continents émergés et nous laisser, presque euphoriques, à notre reconnaissance. Botero est le centre d'une exploration et le tableau de la *Nonne*, noyée dans son gros panier d'enfant, est l'exemple parfait de ses inventions. Si je devais voler un tableau – disons que, dans l'abstrait, c'est un de mes sports préférés – c'est celui-là que je volerais; ensuite, je chiperais l'autre, celui de la cafetière, un fusain, que j'ai vu il y a longtemps dans l'entrée de sa maison de Paris; ensuite une corbeille de raisin blond, suivi, bien sûr, par la

femme-canon qui se déshabille: une vision immense qui me coupe le souffle pour l'ampleur de son dos, de sa petite tête, de ses petits poils de microbe au milieu de ses aisselles d'adolescente. Botero a la grâce de conserver à ses colosses un âge pubertaire, c'est une des magies dans lesquelles s'enfonce le talent de ce peintre noir et maigre. Mais aussi luciférien, si je pense aux regards adultes que possèdent certains de ses portraits; comme la *Nonne dans le panier*, une nouveau-née certainement adulte, et par conséquent irritée par les nombreuses fautes infligées ou subies. Elle n'est pas de la même famille que la naine qui nous regarde de la *Chambre des Mariés* à Mantoue, mais son histoire pourrait lui ressembler. La restauration de la *Chambre*, qui a duré quatre ans et s'est achevée en 1987, se réalisait sur des échafaudages, et de ces échafaudages je regardais ce chef-d'œuvre à deux centimètres du nez. J'ai demandé à ma fille, qui y travaillait, pourquoi la naine surtout était si abîmée et pleine de trous. Elle m'a répondu que pendant la seconde guerre mondiale, les soldats de quelque armée en déroute s'étaient acharnés à tirer des coups de fusil et de revolver juste dans la figure de la naine, un être gauche et plus malheureux que les autres, mais aussi plus perfide, ou présumé tel, les nains étant destinés à être vieux dès leur enfance et, par conséquent, outragés à mort par leur nature même. Ce regard offensé et irrité, on ne le voit pas tellement dans les tableaux de Botero, qui préfère brosser ses personnages au moment où ils vont se reposer après un repas, des gens à la limite de la tranquillité. Mais dans le cas de la *Nonne dans le panier*, il y a peut-être la présence du diable, son second rôle religieux, et l'appréhension de celui dont les prières n'auraient pas été entièrement exaucées.

Je lis cette nouvelle dans un journal italien et je la transcris. Les pompiers ont été appelés pour sortir un obèse de sa baignoire. Londres, janvier 1988. «Il a fallu faire intervenir les sapeurs-pompiers pour déboîter de la baignoire de son appartement le jeune Dave Isle qui, à 33 ans, pèse 207 kilos. D'après ce que réfère le quotidien «The Star», le pauvre homme, désirant prendre un bain, n'avait plus réussi, étant donné sa taille, à sortir honorablement de sa baignoire. Sa mère, Kathleen, vu ses efforts inutiles, a demandé l'intervention des pompiers qui, ayant enduit le corps du jeune avec près de cinq kilos de bain moussant, ont pu l'extraire de sa prison en le tirant avec un câble. Mais il a fallu plus d'une heure et, à la fin, le pauvre homme était plein de contusions et d'excoriations».

Le peintre Magritte, un astre de l'absurde en peinture, sembla avoir ainsi commenté la nouvelle: «Celui-là n'est pas un Botero». Il est en effet impensable qu'il puisse arriver un drame pareil à un personnage de Botero: on ne rit pas de ses gros lards, parce que le peintre les a ôtés de la caricature pour les introduire dans le lieu idéal de la peinture.

Il y a des peintures grasses, dégouttantes, qui nous laissent comprendre des épaisseurs et des formes: celle de Botero est maigre, presque délavée. Je me rend compte qu'en parlant de lui, j'utilise pour la première fois dans celui-ci, comme dans d'autres récits qui le concernent, le mot maigre. Mais sa peinture est presque imperceptible sur la toile. Maigre et opaque. Ses tableaux ou ses dessins étant reproduits dans des catalogues, sur des affiches ou sur des cartes postales, leur aspect — à cause du type de papier sur lequel ils sont imprimés — s'altère légèrement, surtout lorsqu'il s'agit de papier couché ou si les affiches sont laquées avec un vernis qui est leur habit tapageur. Tout est très photogénique, brillant, chaud. Mais devant les toiles, grandes ou petites, l'effet est différent et on entre dans un climat de maigreur, de matière presque sablée, opaque. Avec cette maigreur qui représente désormais la constitution véritable, l'anamnèse de son type de peinture, il y a exactement le contraire du spectacle dans lequel les personnages s'enfoncent: des hommes, des femmes, des enfants, des objets, jusqu'aux nombreux mégots jetés par terre et les détails, le cou, les joues, les mains et les pieds, les hanches et les yeux, tout est en saillie et pèse sur la terre, dans les pièces et dans les arènes qui servent de demeure aux personnages de Botero. La terre ne tremble pas sur leur passage, puisqu'elle est habituée à supporter le poids des trains, des avions, des maisons et de tout l'appareil des architectures. Et, par contraste, la couleur est voilée, maigre et réduite à son expression la plus simple, comme s'il avait plu dessus. C'est la revanche de la maigreur vers son contraire exact, une déclaration de sécheresse à l'égard des quintaux et des tonnes.

Les yeux porcins des femmes, leurs combinaisons, leurs chevelures, les poils sur les bras, sur la poitrine ou sur le dos de son célèbre tableau *Modèle masculin* de 1972. Ces poils, on croirait les voir se balancer à la brise de l'après-midi, alors que la chaleur de l'été et le vin qui s'est écoulé des bouteilles, ont fait tomber les ombres inexorables du sommeil, d'autres pesanteurs bibliques sur ces corps immenses. A ce moment là, l'ironie qui contrôle les représentations épiques de Botero se dissout pour faire place à l'engourdissement, à un ronflement général. C'est le moment tant attendu de la sieste, de la lourdeur, où l'on glisse dans les lits, sur les prés, ou dans la pénombre d'un salon encore pullulant de sucreries, de restes de glaces, de compotiers débordants de raisin poisseux, de pastèques doucereuses.

Parmi ces gens-là, il n'y aura jamais une baisse, mais plutôt une montée des sucres, non pas tellement religieuse, mais engourdie, sensuelle, une sorte de parésie descendante, avant que le spectacle ne finisse dans le sommeil le plus complet.

La photographie et le cinéma nous ont offert dans leur histoire la plus récente, d'autres exemples de gros lards. Je pense à un déjeuner sur l'herbe de Cartier-Bresson, une partie de campagne française ou à un acteur espagnol, Juan de Landa, qui devint célèbre pendant les années '40 comme mari de Clara Calamai dans le film «Obsession» de Luchino Visconti. Les gros lards étaient considérés irascibles ou comiques. Botero les a rendus royaux: sans impatience, confiants dans leur destin. La douceur par laquelle cette femme replète se déshabille pour se glisser dans ce petit lit virginal, ou conjugal, est séduisante. Botero donne à son embonpoint une transparence lunaire. Vue ainsi cette femme n'est pas moins désirable qu'une autre, plus somptueuse; et je n'exclus pas, car l'œil de celui qui regarde est un protagoniste absolu ne craignant aucune comparaison, qu'on puisse tranquillement regarder – lorgner – une femme dodue même par le trou d'une serrure. Si je l'ai fait? Mentalement oui. Mon adoration pour une inconnue qui se déshabille est sans limites.

La peinture, ou plutôt: l'écriture d'un peintre à cet égard, m'a exalté. C'est la description que George Grosz fait d'une femme qui se déshabille, lui adolescent, dans le livre «Un petit oui est un grand non». Le grand non pourrait être, dans le cas de Botero, un refus absolu envers ceux qui tenteraient, par des voies anormales, une approche érotique, ou même sentimentale, à ses femmes obèses. C'est avant tout, des femmes. Efféminées, pudiques, avec des pauses et des perplexités typiques de l'univers féminin. Il suffit de regarder les portraits dessinés; parfois Botero est pressé, mais lorsqu'il se penche sur son énigme féminine, il en sort toujours un très beau dessin, comme ceux repris d'Ingres ou les autres déformations inspirées à la grande peinture. Il y a désormais un air ancien dans son œuvre.

BIOGRAPHIE

Fernando Botero Angulo est né le 19 avril 1932 à Medellín (dans la province d'Antioquìa), une agglomération industrielle et commerciale dans les Andes colombiennes. Il a deux frères, David, né en 1928, et Rodrigo, né en 1936. Son père, David Botero (1895-1936) était commerçant et, pour son activité, il se rendait à cheval dans les régions limitrophes, difficiles à atteindre par un autre moyen; lorsqu'il meurt, Fernando a quatre ans. Sa mère, Flora Angulo de Botero (1898-1972) est, comme son père, originaire de cette petite ville andine.

1938-1949 Fernando fréquente l'école primaire puis, grâce à une bourse, le lycée des jésuites de Medellín. La première œuvre de Botero que nous connaissions est une aquarelle représentant un matador. A l'âge de douze ans, son oncle, grand amateur de corridas, l'avait envoyé dans une école de matadors. Les taureaux et les toreros seront, en effet, les arguments préférés de ses premiers dessins. En 1948 il expose pour la première fois à Medellín, avec d'autres peintres de la province d'Antioquìa. Etudiant à peine âgé de seize ans, il dessine déjà pour les suppléments du dimanche de «El Colombiano», le quotidien le plus important de Medellín. Au cours de cette période, les œuvres des artistes de l'école mexicaine de peinture murale (Diego Rivera, David Alfaro Siqueiros et José Clemente Orozco) auront sur lui une influence profonde. Les premières aquarelles de cette époque, comme la *Femme pleurant* (1949), ressentent particulièrement de l'influence d'Orozco. Dès son enfance, en outre, il était séduit par les images bariolées des saints, les rétables d'autels en style baroque colonial et l'art précolombien.
Dans sa ville natale, à cette époque, il n'existait aucun tableau moderne. Les premières informations sur l'art européen contemporain n'arriveront qu'en 1948. Pendant la guerre civile colombienne, au cours de laquelle le parti libéral et celui conservateur se combattront brutalement, les jeunes intellectuels colombiens découvrent Federico García Lorca, Pablo Neruda, Miguel Asturias et surtout César Vallejo. C'est dans un livre d'histoire de l'art moderne, de l'argentin Julio Payro, que Botero a entendu pour la première fois parler de Picasso. Déjà le directeur de son école l'avait morigéné pour les dessins de nus qu'il publiait dans le quotidien de Medellín «El Colombiano», mais ce fut l'article sur «Picasso et le nonconformisme de l'art» qui lui valut l'expulsion du lycée; événement qui, du reste, ne le troublera pas et le mois suivant il écrira un autre essai au titre «Anatomie d'un fou», sur Salvador Dali.

1949-1952 Botero est admis au lycée San José, situé dans la ville voisine de Marinilla. Il paie lui-même ses études, qui s'achèveront, en 1950, par le diplôme de l'école supérieure, en réalisant des dessins d'illustrations pour les journaux. Ensuite, il travaillera pendant deux mois, comme scénographe, pour le groupe théâtral espagnol «Lope de Vega» qui s'arrête en tournée dans sa ville natale également.
En janvier 1951, Botero s'installe à Bogotá. Il fréquente le café «Automática» où il fait la connaissance des personnages de l'avant-garde colombienne, dont l'écrivain Jorge Zalamea, ancien ambassadeur au Mexique et très cher ami de García Lorca. Les peintres discutent surtout du nouvel art abstrait et ils sont attirés par les peintres révolutionnaires mexicains.
Cinq mois seulement après son installation à Bogotá, Botero présentera ses œuvres au cours d'une exposition personnelle à la Galerie Leo Matiz, vingt-cinq aquarelles, des gouaches, des dessins et des huiles, et il vend quelques tableaux; encouragé par son premier succès, à dix-neuf ans, le jeune Fernando passe l'été à peindre, avec l'argent qu'il vient de gagner, à Tolù d'abord, sur la côte des Caraïbes, puis dans les îles du golfe de Morrosquillo: de cette époque date l'influence de Gauguin et de la période «bleu et rose» de Picasso. Ceux qui se rendent aujourd'hui à Tolù, peuvent encore voir dans l'auberge d'Insonlina, les peintures murales par lesquelles Botero payait ses repas.
Lors de sa seconde exposition à la Galerie Leo Matiz, en mai 1952, il présente des tableaux de l'été précédent et il parvient à les vendre tous pour 7000 pesos (environ 2000 dollars). En août, grâce au tableau *Sur la côte*, il reçoit le second prix du IX Salon des Artistes Colombiens qui s'est tenu à la Bibliothèque Nationale de Bogotà. Il gagne encore 7000 pesos et, avec l'argent qu'il a économisé, peut enfin réaliser son rêve de toujours: faire un voyage en Europe. En août 1952 il s'unit à un groupe d'artistes qui, en troisième classe, s'embarquent pour Barcelone, la ville de la jeunesse de Picasso, où il ne restera cependant que quelques jours. A Madrid, il s'inscrit à l'Académie de San Ferdinando; ses anciens modèles sont en effet les grands maîtres du Prado, Vélasquez et Goya.
Pour améliorer ses finances, il réalise des copies de tableaux qu'il vend aux touristes. «A l'école, chacun cherchait son style, moi je voulais apprendre un métier.»[1] Après un séjour d'une année à Madrid, Botero se rend à Paris avec son ami, le metteur

en scène Ricardo Irragarri, où ils louent un petit appartement Place des Vosges. L'art moderne ne l'attire plus. L'avant-garde française, qui l'avait tant séduit en Colombie, et qu'il peut voir à présent au Musée d'Art Moderne, le déçoit. Il passe presque tout son temps au Louvre, étudier les tableaux des anciens maîtres.

1953-1954 A la fin de l'été, Botero et son ami Irragarri, se rendent à Florence, où Botero décide de rester quelques temps et de s'inscrire à l'Accademia San Marco. Alors qu'en Europe, le tachisme commence à triompher, Botero travaille comme un artiste de la Renaissance. A présent, il ne copie plus Vélasquez et Goya, mais Giotto et Andrea del Castagno. Pendant dix-huit mois, il étudie la technique de la fresque. L'après-midi, il travaille avec des couleurs à l'huile dans son atelier de Via Panicale, qui avait autrefois appartenu à Fattori. Les essais de Berenson, et les leçons d'histoire de l'art de Roberto Longhi sur le XVe siècle, augmentent son enthousiasme pour la Renaissance: il étudie l'art italien en se déplaçant à motocyclette: il va à Arezzo voir Piero della Francesca, puis à Sienne, à Venise, à Ravenne et dans d'autres centres artistiques. Au cours du printemps 1954, à Florence, Botero visite une exposition d'œuvres de Piero della Francesca, Paolo Uccello, Andrea del Castagno et Domenico Veneziano. Un tableau caractéristique de cette période est représenté par *Le départ*, qui s'inspire volontairement des chevaux de Paolo Uccello et des ambiances métaphysiques de Giorgio de Chirico.

1955 En mars Botero revient à Bogotá avec les œuvres réalisées à Florence et ce fut un fiasco terrible.
La critique, exclusivement orientée sur les tendances artistiques prédominantes des galeries de Paris, avait réagi avec violence. Botero ne vendra aucun tableau et, épisode unique dans sa vie, il devra se procurer de quoi vivre par un travail étranger à l'art. Son frère Juan David lui propose de vendre des pneumatiques pour automobile; ensuite il parviendra à trouver du travail dans le secteur graphique de différents journaux. En décembre, il épouse Gloria Zea.

1956 Naissance de son fils Fernando.
Au début de l'année il s'installe à Mexico City avec sa famille. Enfin, sous l'influence des peintures murales mexicaines, Botero trouve son style. Dans la *Nature morte avec mandoline*, l'artiste découvre, pour la première fois, la possibilité de dilater le volume des formes. Pour vivre, il vend ses œuvres aux touristes, et il expose pour la première fois aux Etats-Unis, au Museum of Fine Arts d'Houston, dans le cadre d'une exposition collective de la Gulf Carribean Art Exhibition.

1957 Botero se rend à Washington pour sa première exposition personnelle aux Etats-Unis, organisée en avril 1957, par la Pan American Union. Pendant sa première semaine de séjour, il visite pendant de longues heures les musées de New York, et il découvre le monde de l'expressionnisme abstrait. Il passe trois semaines à Washington, dans un studio minuscule, isolé, sans-le-sous, avec une faible connaissance de l'anglais. Il parviendra cependant à vendre toutes ses œuvres et fera aussi la connaissance de Tania Gres qui, plus tard, ouvrira une galerie à Washington, et qui lui offrira un soutien financier et moral.
En mai Botero retourne à Bogotá. En octobre, le X Salon Colombien lui décerne le second prix grâce au tableau *Contrepoint*.
Avec l'*Evêque dormant*, il propose le premier de ses nombreux tableaux de clerc: «La raison pour laquelle je représente des prêtres est très simple. Je ne suis pas religieux, mais la religion constitue une partie de la tradition artistique. Et les prêtres étaient une des composantes de la période qui me passionne tant, c'est à dire du XVe siècle, tout comme aujourd'hui ils font partie de la vie quotidienne des latino-américains».[2]

1958 Naissance de sa fille Lina. A vingt-six ans, Botero est nommé professeur de peinture à l'Académie Artistique de Bogotá (jusqu'en 1960) et il s'affirme toujours davantage comme le plus grand des jeunes artistes colombiens. Pour *La Siesta del martes*, de García Márquez, il prépare des illustrations qui sont publiées par «El Tiempo», le quotidien le plus important de la Colombie. Jorge Zalamea écrit un article enthousiaste dans la revue «Cromos». Botero présente au XI Salon Colombien le plus grand des tableaux réalisés jusqu'à présent: *Chambre des mariés* (*Hommage à Mantegna*) une interprétation libre des célèbres fresques de Mantegna dans le Palais Ducal de Mantoue. Au début l'œuvre est repoussée par le jury, mais à la suite des protestations véhémentes des cercles artistiques de Bogotá, ainsi qu'aux réactions de la presse, le jury change d'avis et lui décerne le premier prix. La *Chambre des mariés* et l'*Evêque dormant* sont présentés en octobre également dans la première exposition organisée à la galerie Gres de Washington, qui obtiendra un succès remarquable. Presque tous ses tableaux sont vendus le jour du vernissage. Botero expose aussi au Guggenheim Museum de New York, dans le cadre du Guggenheim International Award 1958.

1959 Au Salon de cette année, l'artiste présente l'*Apothéose de Ramón Hoyos*, champion national de cyclisme. Avec Enrique Grau, Alejandro Obregon et Eduardo Ramirez Villamizar, il représente la Colombie à la V Biennale de São Paulo, où il suscite une grande sensation avec son tableau *Monna Lisa à l'âge de 12 ans*. Cette œuvre est suivie d'une série de paraphrases semblables inspirées de Léonard.
Botero est également attiré par Vélasquez, et il brossera plus de dix versions du *Niño de Vallecas*, tableaux qui, par leur monochromie et leur touche impulsive laissent transparaître l'influence de l'expressionnisme abstrait.

1960 De février à avril Botero se consacre, pour le compte du Banco Central Hipotecario de Medellín, à son unique grande fresque. Naissance de son fils Juan Carlos à Bogotá. Le critique d'art colombien, Marta Traba et un jury lui proposent de représenter la Colombie à la II Biennale du Mexique.
A la suite de violentes contestations, Botero et d'autres amis peintres exposeront, pour protester, à Bogotá.

En octobre, à l'occasion de sa seconde exposition à la galerie Gres, Botero se rend à Washington.
De nombreux collectionneurs qui avaient été autrefois charmés par ses œuvres bariolées, sont à présent déconcertés devant la série des *Niños*.
Pour la troisième fois Botero quitte son Pays et, avec de très faibles moyens financiers, il s'installe à New York. Sa connaissance de l'anglais est encore très limitée. Il loue une chambre d'étudiant au coin de Mac Dougall et de Third Street, au Greenwich Village.
La scène artistique est dominée par l'expressionnisme de l'école new-yorkaise. Grâce à Marina Ospina, une amie colombienne, il fait la connaissance de Kooning, Kline, Rothko et d'autres artistes. Mais tous ont une attitude critique et de refus à l'égard du réalisme de ses tableaux figuratifs, et sa provenance sud-américaine lui procure aussi des difficultés. La galerie Gres de Washington, qui l'avait soutenu jusqu'à présent, ferme. Botero combat cette atmosphère hostile et absorbe l'influence de De Kooning et de Kline[3].
En novembre, il reçoit le prix Guggenheim International Award 1960 grâce au tableau *La bataille de l'archidiable*. Il se sépare de Gloria Zea.

1961 En juin, Botero présente à la galerie El Callejòn de Bogotá, quelques tableaux et douze illustrations de l'œuvre de Jorge Zalamea *El Gran Burundùn Burunda ha muerto*. Sur l'initiative de Dorothy C. Miller, curatrice du Museum of Modern Art (Moma), on lui achète la première version de la *Monna Lisa à l'âge de 12 ans*, comme seule œuvre figurative de l'année 1961 pour le musée de New York.
«Il est impossible d'observer cette œuvre inquiétante sans prendre position», écrira Alfred H. Barr dans sa brève introduction au catalogue.

1962 Sa première exposition dans une galerie de New York, qui s'est tenue en novembre à The Contemporaries, reçoit de lourdes critiques.

1963 Alors que le Metropolitan Museum expose la *Monna Lisa* de Léonard de Vinci, le Moma présente *Monna Lisa à l'âge de 12 ans* de Botero. L'artiste déménage son atelier Lower East Side.

1964 Il épouse Cecilia Zambrano.
Au Primer Salón Intercol de Artistas Jóvenes, au Musée d'Art Moderne de Bogotá, il reçoit le premier prix pour le tableau *Pommes*. Il construit une résidence d'été à Long Island et il loue un nouvel atelier à New York dans la 14ème Avenue.

1965 Le style plastique de Botero, qui a désormais atteint sa pleine maturité, émerge pour la première fois dans la *Famille Pinzón*. Les tons compacts, souvent terreux, qu'il avait utilisés jusqu'à présent, se transforment peu à peu dans une couleur délicatement passée dans une intention décorative.
Voilà ce que l'artiste affirme au sujet du choix de ses thèmes: «Je ne travaille pas volontiers avec les modèles, même si entre temps j'ai fait quelques portraits, parce qu'ils me limitent, ils me font sentir lié. Je préfère travailler complètement libre, selon mon imagination»[4]. Botero est attiré par Rubens et, s'inspirant à son portrait d'Hélène Fourment, il peint quatre tableaux.

1966 Botero se rend, en janvier, à sa première grande exposition européenne qui a lieu à la Staatliche Kunsthalle de Baden-Baden, ensuite présentée à Munich dans la galerie Bucholz. En septembre la galerie Brusberg d'Hannovre présente des œuvres de Botero et en décembre il expose pour la première fois dans un musée étatsunien, le Milwaukee Art Center (*Fernando Botero, Recent Works*) où il obtient un succès. La critique de la revue «Time» est positive.

1967 Botero passe les années qui suivent entre la Colombie, New York et l'Europe. Il visite l'Italie et l'Allemagne; à Munich et à Nuremberg il est séduit par Dürer. C'est ainsi que naissent les *Düreroboteros*, une série de dessins de grand format au fusain sur toile, paraphrase de tableaux célèbres du maître allemand. En même temps, Manet l'attire également et il interprètera souvent, à sa manière, le *Déjeuner sur l'herbe*; et aussi Bonnard avec ses nombreuses toiles de femmes dans la salle de bains. «Après avoir été colonisés pendant des siècles, nous autres, artistes latino-américains, nous ressentons avec une force particulière la nécessité de retrouver notre authenticité. L'art doit être indépendant. Je veux que ma peinture ait des racines, parce que ce sont justement ces racines qui donnent un sens et une vérité à ce qui se crée. Mais en même temps, cependant, je ne veux pas peindre exclusivement des paysans sud-américains. Je veux pouvoir tout peindre, même Marie-Antoinette, mais toujours dans l'espoir que tout ce que j'entreprends soit pénétré de l'âme latino-américaine ...»[5].

1969 En mars Botero présente des tableaux et de grands dessins au fusain au Center for Inter-American Relations de New York; en septembre se déroule la première exposition à Paris, dans la galerie Claude Bernard.

1970 Naissance de son fils Pedro à New York; Botero enregistre amoureusement toutes les phases de sa première année de vie. En mars part en Allemagne une grande exposition itinérante comprenant quatre-vingts tableaux qui, partant de la Staatliche Kunsthalle de Baden-Baden, continue ensuite à la Haus am Waldsee de Berlin, au Kunstverein de Düsseldorf, à l'Amburger Kunstverein et à la Kunsthalle de Bielefeld.

1971 Botero loue un appartement Boulevard du Palais dans l'Ile de la Cité et il partage son temps entre Paris, Bogotá et son nouvel atelier de New York, dans la Fifth Avenue.

1972 En février a lieu sa première grande exposition à la Marlborough Gallery de New York. Botero travaille maintenant dans son nouvel atelier de Paris, Rue Monsieur-le-Prince et il achète une résidence d'été à Cajica, au nord de Bogotá, où depuis lors il passera quelques mois toutes les années.

1973 Après treize ans, Botero quitte New York et il s'installe à Paris. Il réalise ses premières sculptures.

1974 En avril a lieu à Bogotá sa première exposition rétrospective, comprenant des œuvres datant de la période 1948-1972. Naissance de deux paraphrases virtuosistes inspirées à Rigaud et à Caravaggio: *Autoportrait avec Louis XIV* et *Alof de Vignancourt*. Dans un accident de voiture, en Espagne, son fils de quatre ans meurt, Botero lui-même est blessé. Après l'accident il réalise de nombreux dessins, des tableaux et des sculptures où il représente Pedro.

1975 Il se sépare de Cecilia Zambrano.

1976 Après la grande rétrospective du Museo de Arte Contemporaneo de Caracas, le président du Vénézuela lui confère l'ordre Andrès Bello. Exposition d'aquarelles de grand format et de dessins à la galerie Claude Bernard de Paris.
Au cours des années 1976-77 Botero se consacre presque exclusivement à la sculpture. Au cours de ces années il réalise vingt-cinq sculptures sur les thèmes les plus disparates: du grand torse à la représentation de chats, de serpents ou d'une cafetière géante.

1977 Le gouvernement d'Antioquìa confère à Botero la croix de Boyaca pour les mérites rendus à la Colombie. Inauguration de la salle Pedro Botero dans le Museo de Zea de Medellín, une donation de Botero à la mémoire de son fils qui recueille seize œuvres. En octobre, par l'intermédiaire de la galerie Claude Bernard, il présente pour la première fois ses sculptures à la foire artistique de Paris (Fiac). Le cycle des tableaux *Margarita*, qui s'inspire aux portraits des infantes de Vélasquez, naît du dernier examen approfondi que Botero fait de cet ancien maître.

1978 Botero installe son atelier à Paris, Rue du Dragon, dans le siège de l'ancienne Académie Julian.
Il recommence à peindre.

1979-1981 Expositions itinérantes en Europe (Belgique, Norvège, Suède) et aux Etats-Unis. Le Musée Hirchhorn de Washington présente sa première exposition rétrospective américaine, organisée par Cynthia Jaffee Mc Cabe (1979). Exposition d'aquarelles, dessins et sculptures, à la galerie Beyeler de Bâle.
Il illustre quelques brefs récits, publiés par «El Tiempo» (1980). Exposition d'aquarelles et de dessins à la Galleria il Gabbiano de Rome (1981).

1983 Le Metropolitan Museum achète *Danse en Colombie*. Botero illustre *Chronique d'une mort annoncée* de García Marquez pour le premier numéro de la revue «Vanity Fair». Il s'installe à Pietrasanta, petite ville toscane, célèbre pour ses fonderies, où il travaille à ses sculptures.

1984 Donation de différentes sculptures au Museo de Antioquìa à Medellín, qui aménage une salle spéciale, et de dix-huit tableaux à la Bibliothèque Nationale de Bogotá. Botero décide de se consacrer à un ancien rêve de jeunesse et, pendant deux ans, il peindra presque exclusivement des scènes de corridas. Depuis son enfance c'était un «aficionado», un expert et un amateur de corridas qui sont, en Colombie, aussi importantes qu'en Espagne. Son désir était d'arriver à un point tel «que l'on pense à Botero lorsqu'on parle de taureaux».

1985 Fin avril, la Marlborough Gallery de New York, présente pour la première fois vingt-cinq tableaux illustrant les différentes phases de la corrida. Exposition au Musée de Ponce (Puerto Rico).

1986 En janvier, exposition des dessins des quatre dernières années au Museo de Arte Contemporáneo de Caracas. Expositions rétrospectives à Munich, Brême, Francfort (1987) ainsi qu'à Tokyo et dans trois autres villes japonaises.

1987 Exposition rétrospective au Centro de arte Reina Sofia de Madrid. En décembre, l'exposition *La corrida* est aménagée dans la Sala Viscontea du Castello Sforzesco de Milan, elle comprend quatre-vingt-six œuvres (tableaux, aquarelles et dessins) qui représentent des moments et des personnages de la corrida.

1988 En mars, l'exposition *La corrida* est à Palerme, Albergo delle Povere et, en juin à Castel d'Ovo, de Naples.
Toujours en juin une exposition est inaugurée au Casino Knnoke-le-Zut, en Belgique.

1989 En janvier-février, Botero expose *La corrida* au Muséo de Arte de Coro (Venezuela); l'exposition se déplacera ensuite au Museo de Arte Contemporáneo de Caracas, en mars, et au Museo de Arte Contemporáneo Internacional Rufino Tamayo de Mexico City en mai-août. En décembre, exposition des sculptures à la galerie Marlborough dans l'ICAF, l'International Contemporary Art Fair de Los Angeles.

1. Catalogue de l'exposition Hirshhorn Museum and Sculpture Garden, édité par Cynthia Jaffe McCabe, Washington, 1979.
2. *Ibidem.*
3. Carter Ratcliff, *Botero*, New York 1980.
4. Interview avec Ingrid Sischy, Artforum, mai 1983.
5. *Ibidem.*

Œuvres 1959-1989

1 - *Jeune fille sur l'âne* 1959
huile sur toile, 174x77 cm.

2 - *Monna Lisa à l'âge de 12 ans* 1959 - huile et tempera sur toile, 211x195,5 cm. The Museum of Modern Art, New York.

3 - *Jeune fille* 1962 - huile sur toile, 182x182 cm.

4 - *La prima donna* 1967 - huile sur toile, 165x183 cm.

5 - *La famille* 1966 - huile sur toile, 179x187 cm.

6 - *Marie-Antoinette* 1968 - huile sur toile, 229x196 cm.

7 - *Madame Rubens* 1968 - huile sur toile, 229x186 cm.

8 - *L'étude de Vermeer* 1964 - huile sur toile et collage, 106,5x104 cm.

9 - *Rubens et sa femme* 1965 - huile sur toile, 198x186 cm.

10 - *Table de cuisine* 1967 - huile sur toile, 138x161 cm.

11 - *Tournesols* 1967 - huile sur toile, 194x149 cm.

12 - *Notre-dame de New York* 1966 - huile sur toile, 195,6x180,3 cm.

13 - *Sainte Rose de Lima* 1968 - huile sur toile, 167,7x175,3 cm.

14 - *Le bain des évêques dans un fleuve* 1967 - huile sur toile.

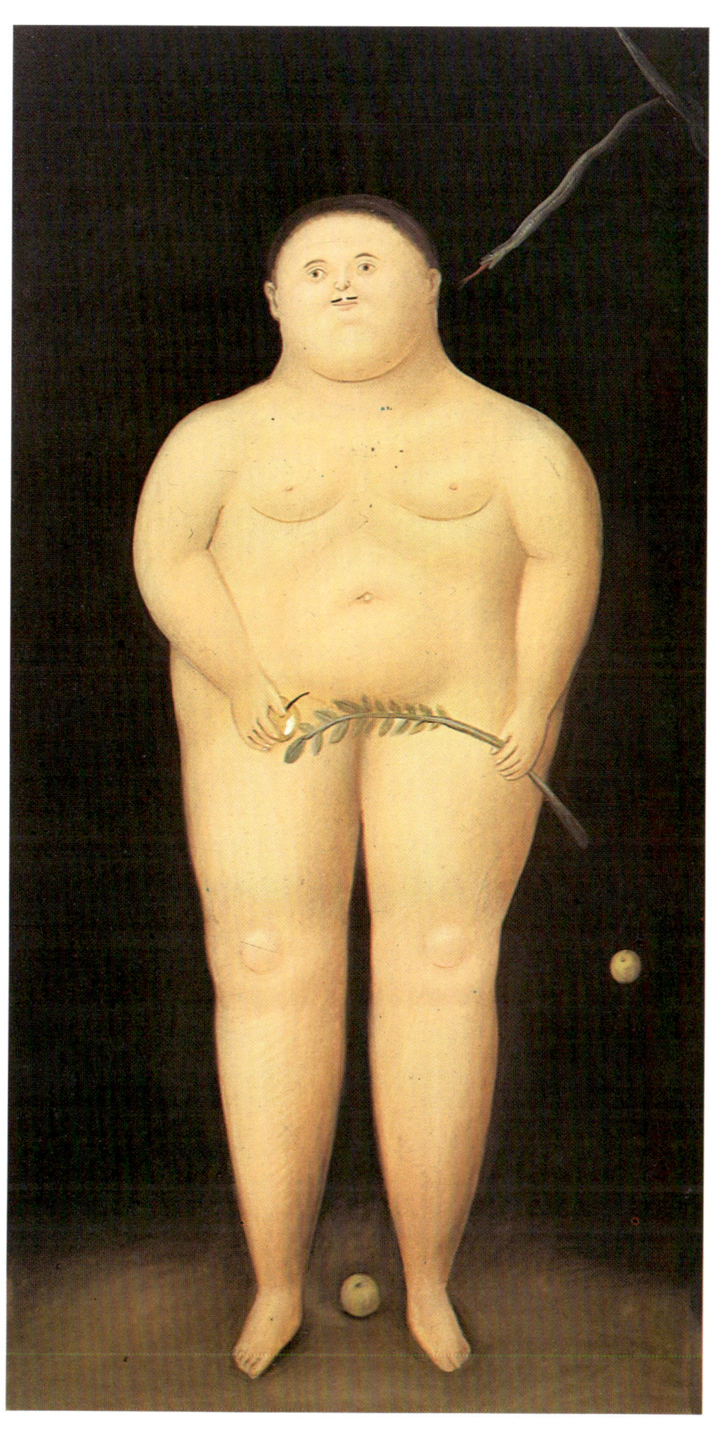

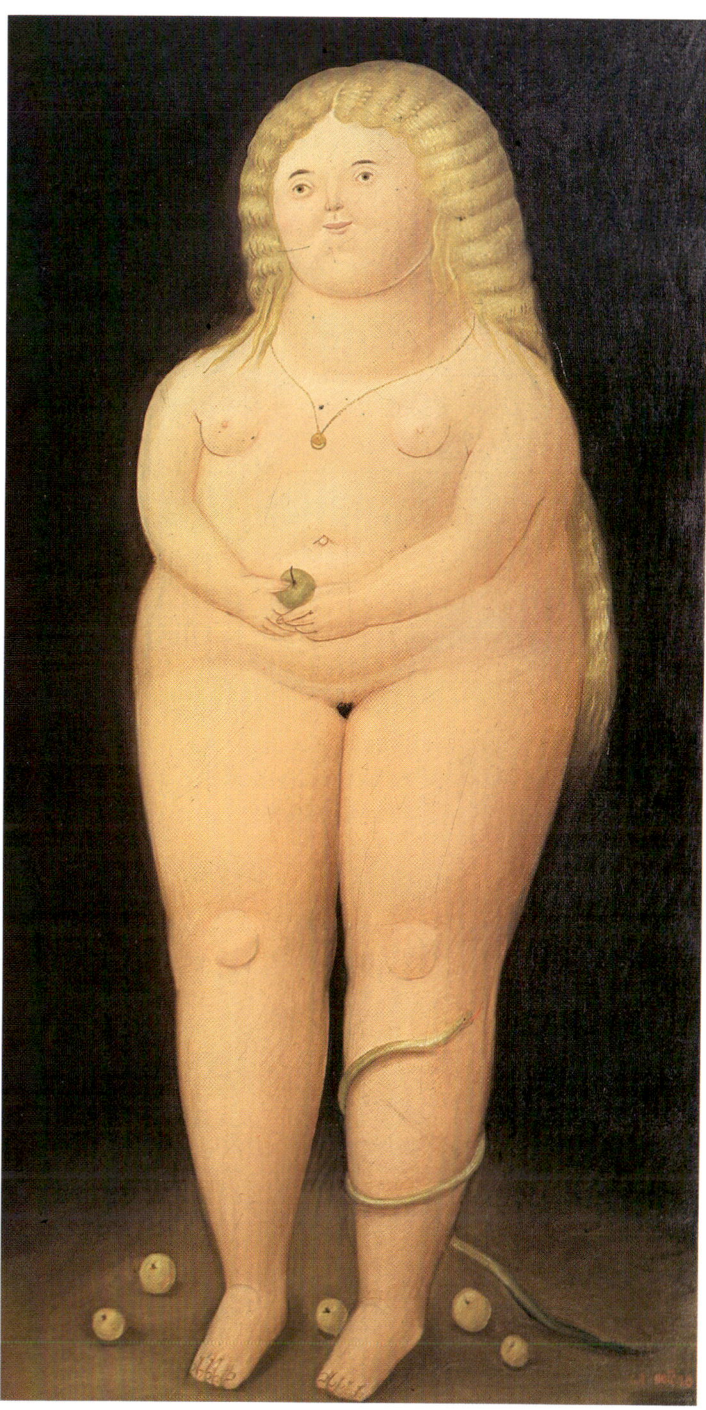

15 - *Adam et Eve* 1968 - huile sur toile, 195x102 cm (Adam), 195x110 cm (Eve).

16 - *Las melguiro* 1966 - huile sur toile, 205x190,5 cm.

17 - *Les soeurs* 1969 - huile sur toile, 195x220 cm.

18 - *Scène de famille* 1969 - huile sur toile, 211x195 cm.

19 - *Déjeuner sur l'herbe* 1969 - huile sur toile, 190,5x180 cm.

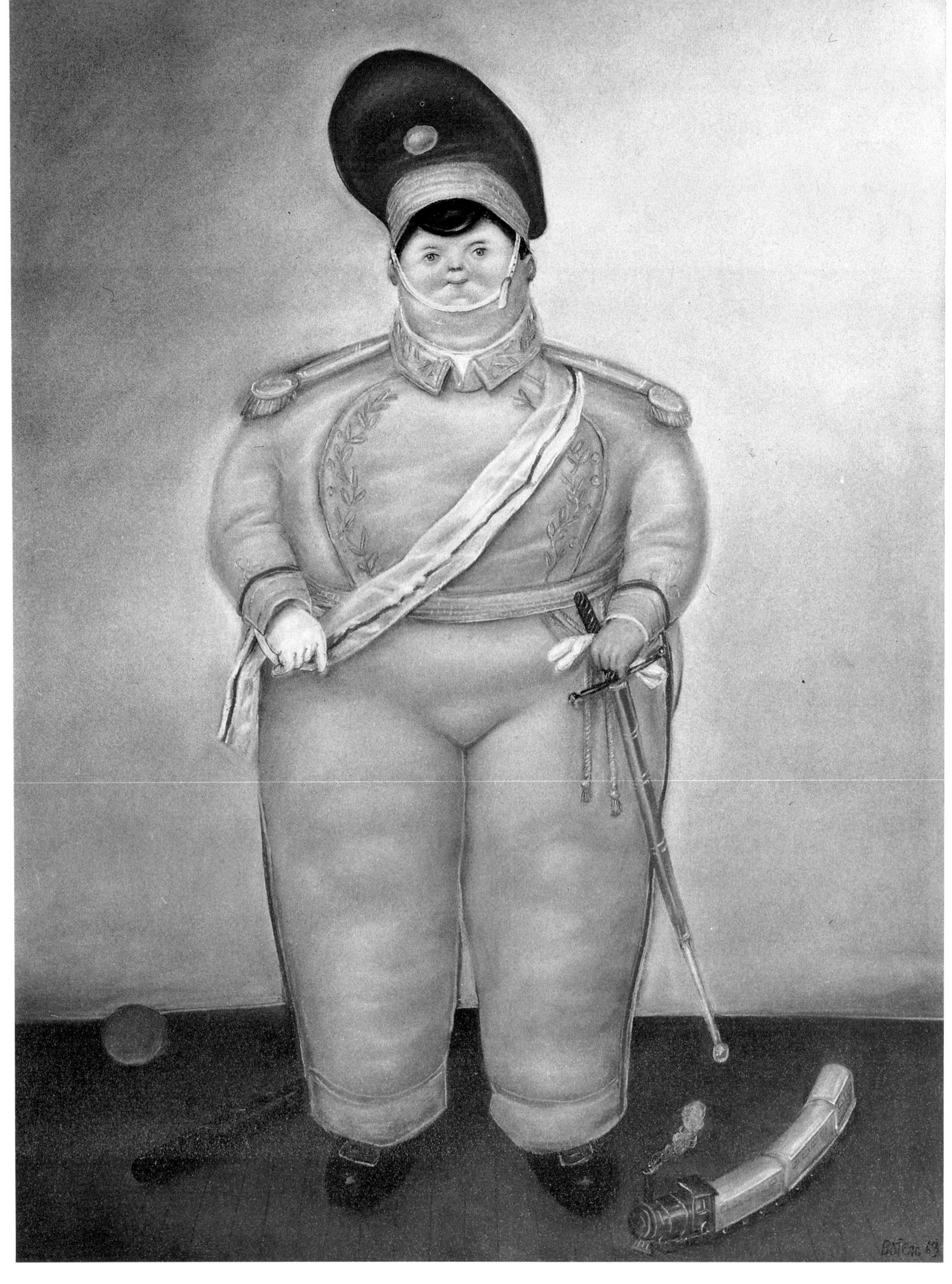

20 - *Le fils du dictateur* 1969 - pastel 97x134 cm.

21 - *Autoportrait le jour de la communion* 1970 -
huile sur toile, 109x94 cm.

BOTERO

22 - *Pastèque et oranges* 1970 - huile sur toile, 70x72 cm.

23 - *Table de cuisine* 1970 - huile sur toile, 182x195 cm.

24 - *Le meurtre d'Anna Rosa Calderón* 1969 - huile sur toile, 47x282 cm.

25 - *Sans titre* 1979 - huile sur toile, 36,8x245,2 cm.

26 - *Table de cuisine* 1970 - huile sur toile, 189x171 cm.

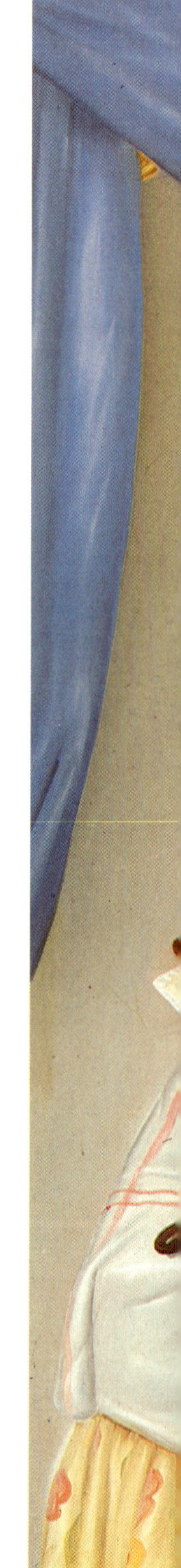

27 - *Bon anniversaire* 1971 - huile sur toile, 155x190 cm.

28 - *Nature morte* 1972 - huile sur toile.

29 - *Oranges* 1973 - huile sur toile.

30 - *Prima donna* 1970 - pastel sur papier, 159x124,5 cm.

31 - *L'homme qui va au bureau* 1969 - huile sur toile, 185x85 cm.

32 - *Bonjour M. Botero* 1972 - huile sur toile, 175x186 cm.

33 - *Nature morte à la soupe verte* 1972 - huile sur toile, 165x179 cm.

34 - *Le Président* 1975 - pastel, 125x172 cm.

35 - *Autoportrait avec Madame Pompadour* 1969 -
huile sur toile, 243,5x166,5 cm.

36 - *Chambre avec jeux d'enfants* 1970 - huile sur toile, 207x188 cm.

37 - *Pedro à cheval* 1974 -
huile sur toile, 194x150 cm.

38 - *Nature morte* 1972 - pastel, 103x132 cm.

39 - *Nature morte à l'orange qui tombe* 1978 - huile sur toile, 156x193 cm.

40 - *Nature morte aux oranges* 1979 - huile sur toile, 60x229 cm.

41 - *Serpent* 1980 - huile sur toile, 48x248 cm.

42 - *Excursion au concile œcuménique* 1972 - huile sur toile, 130x150 cm.

43 - *Archevêque perdu dans le bois* 1970 - huile sur toile, 119x91 cm.

44 - *Nonne nouveau-née* 1975 - huile sur toile, 94x129 cm.

45 - *El nuncio* 1970 -
huile sur toile, 108x93 cm.

Botero 70

46 - *La cuisine* 1970 - huile sur toile, 188x149 cm.

47 - *Caniche* 1971 - pastel, 155x121 cm.

48 - *Une famille* 1972 - huile sur toile, 187x188 cm.

49 - *Concert à la campagne* 1971 - huile sur toile, 167,7x190,5 cm.

51 - *Panier de fruits* 1973 - pastel, 122x139 cm.

50 - *Portrait d'une famille* 1974 - huile sur toile, 236,2x195,6 cm.

52 - *Jeune fille à l'arc* 1976 - huile sur toile, 231x194 cm.

53 - *Femme au perroquet* 1973 - pastel, 161x121 cm.

54 - *Un général* 1974 - huile sur toile, 137x93 cm.

55 - *Sans titre* 1978 - huile sur toile, 89x110 cm.

57 - *Femme aux fleurs* 1976 - huile sur toile.

56 - *Vase de fleurs* 1974 - huile sur toile, 228x191 cm.

58 - *Le palais* 1975 -
huile sur toile, 257x120 cm.

59 - *Le palais* 1975 -
huile sur toile, 257x120 cm.

60 - *Le chasseur* 1976 - huile sur toile, 193x157 cm.

61 - *La route* 1979 -
huile sur toile, 192x127 cm.

62 - *Groupe de famille* 1983 - huile sur toile, 160x134 cm.

63 - *Homme allongé* 1978 - huile sur toile, 151x188 cm.

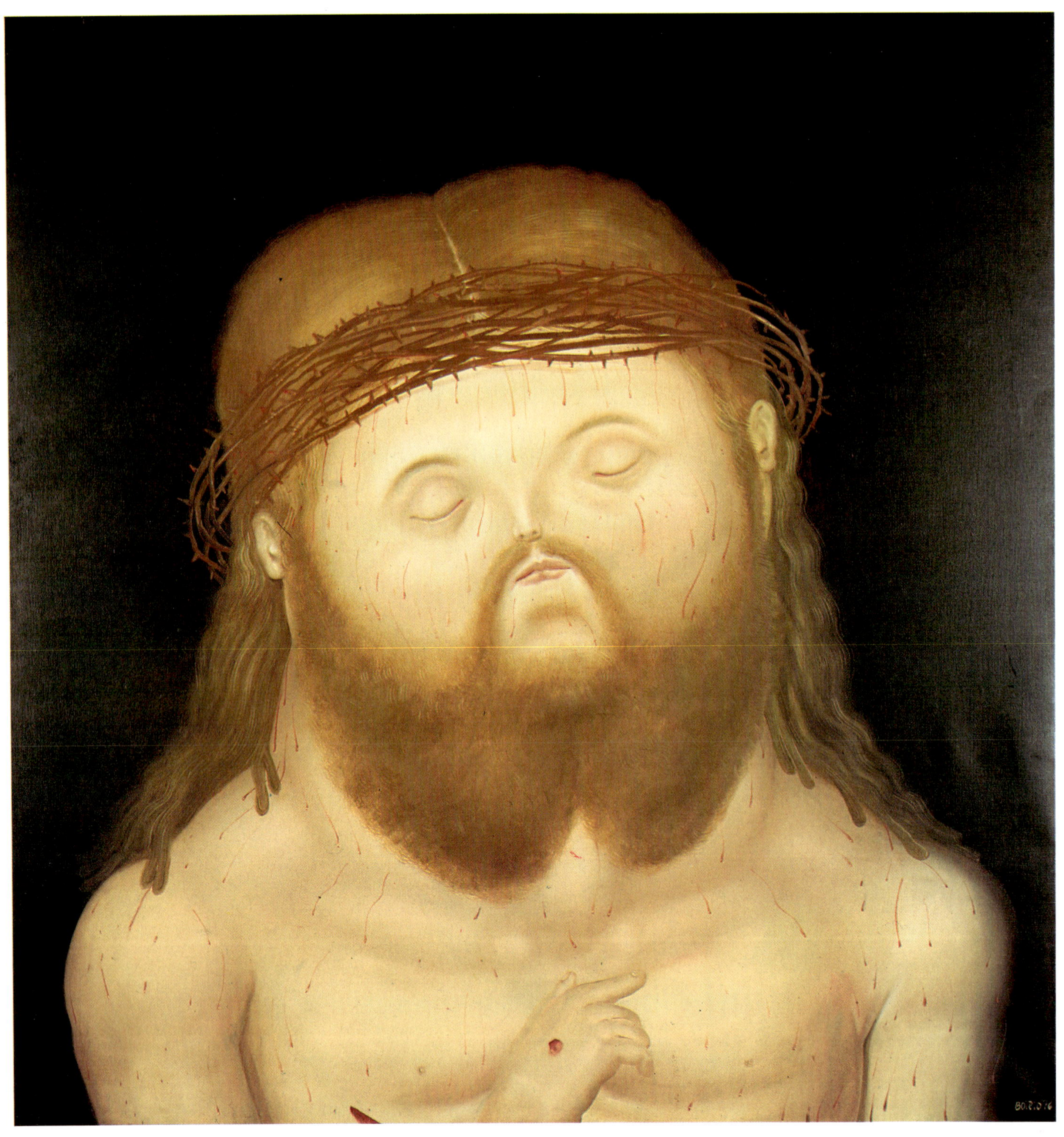

64 - *Tête de Christ* 1976 - huile sur toile, 185x179 cm.

65 - *Cardinal* 1974 -
huile sur toile, 287x185 cm.

66 - *Prêtre allongé* 1977 - huile sur toile, 146x193 cm.

67 - *Evêque* 1982 -
huile sur toile, 235x135 cm.

68 - *L'enfer* 1978 - huile sur toile, 90,5x69,5 cm.

69 - *Femme enlevée par le démon* 1979 - huile sur toile, 90x88 cm.

70 - *Les époux Arnolfini d'après Van Eyck* 1978 - huile sur toile, 135x118 cm.

71 - *Monna Lisa* 1978 - huile sur toile, 187x166 cm.

72 - *Homme en smoking* 1980 - huile sur toile, 188x134 cm.

73 - *Delphine* 1972 -
huile sur toile, 126x95 cm.

Botero 72

74 - *Femme mangeant une banane* 1982 - huile sur toile, 79x110 cm.

75 - *Femme debout* 1982 - huile sur toile, 154x89 cm.

76 - *Le chasseur* 1982 - huile sur toile, 126x154 cm.

77 - *Promenade* 1979 -
huile sur toile, 97x79 cm.

78 - *Musicien* 1983 - huile sur toile, 195,5x117 cm.

79 - *Guitariste* 1982 - huile sur toile, 161x98 cm.

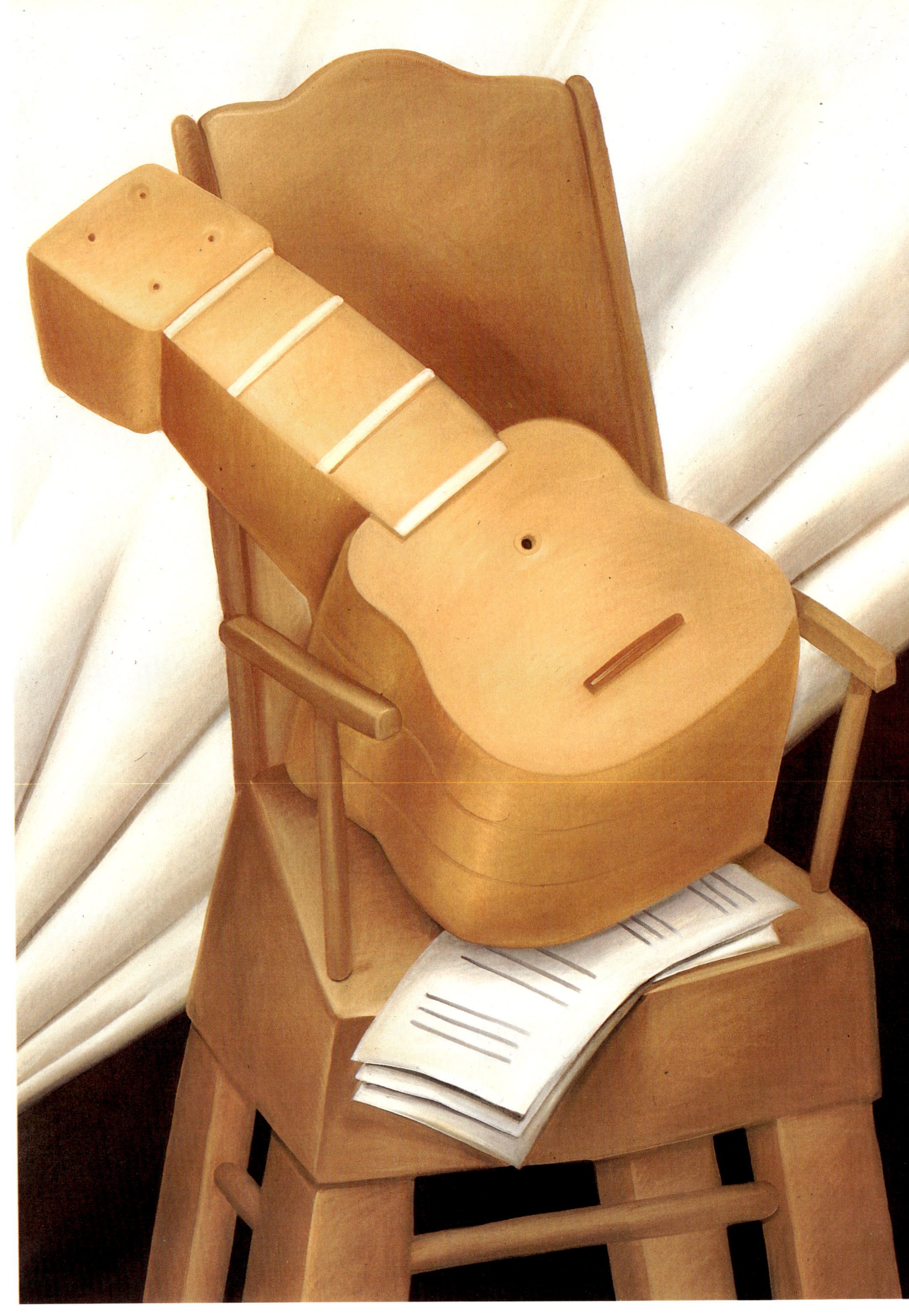

80 - *Guitare et chaise* 1983 - huile sur toile, 160x118 cm.

81 - *Quatre musiciens* 1984 - huile sur toile, 225x185 cm.

82 - *Les amants* 1984 - huile sur toile, 167x128 cm.

83 - *La cascade* 1982 - huile sur toile, 167x112 cm.

84 - *Après Mantegna* 1980 - huile sur toile, 236x274 cm.

85 - *L'archange Saint Gabriel* 1986 -
huile sur toile, 196x136 cm.

86 - *Patio* 1982 - huile sur toile, 182x116 cm.

87 - *Nature morte à l'orangeade* 1987 - huile sur toile, 153x207 cm.

89 - *Nature morte* 1982 -
huile sur toile, 108x94 cm.

88 - *Nature morte à la cafetière* 1977 - huile sur toile, 150x186 cm.

Botero

90 - *Homme et cheval* 1984 - huile sur toile, 180x126 cm.

91 - *Couple dansant* 1982 - huile sur toile, 104x71 cm.

92 - *Autoportrait en conquistador espagnol* 1986 - huile sur toile, 226x167 cm.

93 - *Autoportrait en Vélasquez* 1986 - huile sur toile, 218x185 cm.

94 - *Autoportrait avec Sofia* 1986 - huile sur toile, 195x134 cm.

95 - *La Colombienne assise* 1986 - huile sur toile, 118x165 cm.

96 - *Espagnole* 1986 - huile sur toile, 173x117 cm.

97 - *Tablao Flamenco* 1984 - huile sur toile, 204x202 cm.

98 - *Matador* 1985 - huile sur toile, 188x126 cm.

99 - *La pica* 1984 - huile sur toile, 133x155 cm.

101 - *Picador* 1986 -
huile sur toile, 200x148 cm.

100 - *El Zurdo y su cuadrilla* 1987 - huile sur toile, 206x256 cm.

102 - *Matador* 1984 - huile sur toile, 190x230 cm.

104 - *Tablao Flamenco* 1987 -
huile sur toile, 207x290 cm.

103 - *El arraste* 1984 - huile sur toile, 150x200 cm.

105 - *Les musiciens* 1986 - huile sur toile, 177x137 cm.

106 - *Les danseurs* 1987 - huile sur toile, 131x196 cm.

107 - *La route* 1987 - huile sur toile, 145x143 cm.

108 - *Quatre femmes* 1987 - huile sur toile, 192x206 cm.

109 - *Torse* 1988 - huile sur toile, 100x74 cm (photo J. Hyde).

110 - *El Presidente* 1989 -
huile sur toile, 203x165 cm.

Nous remercions Monsieur Fernando Botero et Marlborough Fine Art Ltd., New York
de leur aimable collaboration

Traduction française de Deanna Valente Bernar

Imprimé en Italie par Gruppo Editoriale Fabbri S.p.A., Milan